AF587472

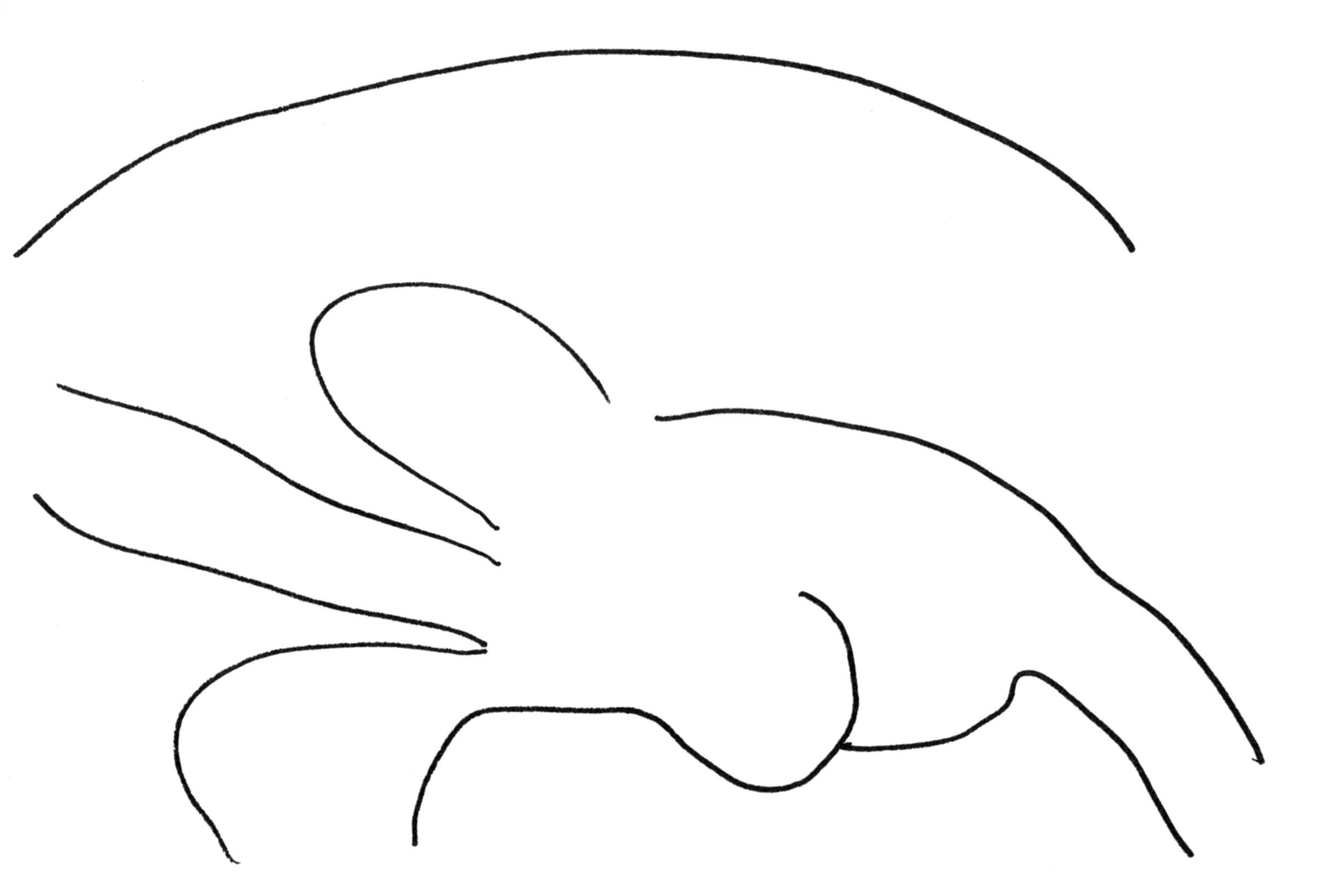

Henri-Matisse

nice 1932

Hirayamatisse

De là où j'écris nous sommes très proches, quelques centaines de mètres à vol d'oiseau.

Par la route, c'est un peu plus long ; la pente est favorable, mais enlacée comme une route de montagne. Tout en bas, au carrefour de l'étoile, on traverse le petit pont qui enjambe la Lubiane ; là débute l'avenue Henri Matisse. Assez vite, à gauche, la Villa le Rêve, encore une centaine de mètres sur notre droite, le foyer Lacordaire et la chapelle du Rosaire des Dominicaines de Vence.

Nous y reviendrons.

D'abord, je déjeune avec Yvon, à la librairie, dans son bureau. Montagnes de livres, collines de papiers, quelques objets étonnants. Repas rudimentaire parfait, conversation d'art et d'autres choses.

Au moment de nous séparer, il me tend un album qu'il vient de recevoir d'un artiste. Pas de commentaire: *Masanao Hirayama, regarde !...* On tourne les pages dessinées, la treizième est comme un titre « Henri Matisse Nice 1932 » mention tardive, car chacun des dessins qui précèdent nous a alertés et danse *La Danse*. Notes évidentes, adressées à l'œil au premier coup et de mémoire, *La Danse* est là, un concentré de traits signalétiques, comme trois mots qui résument un livre.

Le lendemain, Yvon m'appelle pour me demander d'écrire quelques lignes en vue de la publication qu'il projette de ces dessins que nous avons regardés ensemble. Vite.

Je reprends… «Henri Matisse Nice 1932», l'atelier improvisé de la rue Désiré-Niel n'existe plus depuis longtemps, pour *La Danse* la répétition générale se tient désormais à Cimiez, au musée. Trois études[1] sous la forme de petits tableaux horizontaux que divisent trois alcôves ou un chahut des corps singulier inventent une collection de figures mémorables. Ce sont elles. On les reconnait, elles dessinent notre album.

Un récit se trame, traverse les paysages, mais sa géographie est hésitante, Masanao Hirayama la précise :

«Villa le Rêve, Vence :

Ayant en ma possession le livre de Matisse sur la chapelle du Rosaire, je voulais visiter celle-ci, mais elle était fermée pour les vacances d'hiver. Du coup j'ai marché dans la montagne.»[2]

466 avenue Henri Matisse, Vence. Descendons le petit escalier et franchissons la porte sur notre droite, la chapelle du Rosaire, nous y sommes. À gauche les vitraux percent le mur et au fond «l'Arbre de vie» translucide. S'il y a du soleil, à certaines heures, la couleur inonde le sol. Hormis cet éventuel miracle atmosphérique, la visite de la chapelle ne recèle aucune intention spectaculaire. Les dimensions de l'édifice sont modestes, un plan austère ajusté avec une grande simplicité laisse poindre des signes d'usures ou bien d'inachèvements comme dans une ancienne villa (fermée pour les vacances d'hiver), tout semble suspendu. À droite la grande céramique «La vierge à l'enfant» avec cet AVE, aride et somptueux.

Plus loin «Saint Dominique» hiératique.

«Le chemin de croix» est dans notre dos, il apparaît lorsque nous nous retournons, un trait noir vigoureux et tourmenté, quatorze numéros. Imbroglio des corps et raccourcis culbutés sont disposés comme les images d'un livre qu'on aurait mis à plat, ou tout parait sans même tourner les pages.

Apothéose brève, grandie et glissée dans la croisée d'une céramique vaste comme le mur.

On aimerait aussi la dessiner, mais ce serait un autre album.

Jean-Charles Blais
Vence, 1.6.2024

1 «Harmonie grise», «Harmonie ocre», «Harmonie bleue», 1930-1931, Huile sur toile, 40,3 x 95,5 x 5,5 cm, Musée Matisse, Nice

2 Masanao Hirayama, [@MasanaoHirayama] (2024, 24 mai). *Villa le Rêve, Vence : Ayant en ma possession le livre de Matisse sur la chapelle du Rosaire, je voulais visiter celle-ci…* X. https://x.com/MasanaoHirayama/status/1794682392546062467

Hirayamatisse

今この文章を書いている私の家から、ヴァンスのロザリオ礼拝堂はとても近く、直線距離にするとほんの数百メートルしか離れていません。
坂道の勾配は緩やかですが道路は山道のように曲がりくねっているので、ロザリオ礼拝堂に行くには案外時間がかかります。自宅から麓に降り、エトワール交差点でリュビアンヌ川に掛かる小橋を渡ると、アンリ・マティス大通りに出ます。すぐ左手にヴィラ・ル・レーヴが見え、更に数百メートル進むと今度は右手にラコルデール修練所と、私が今いるヴァンスのドミニク会のロザリオ礼拝堂があります。
これについては、また後で触れたいと思います。

パリのイヴォン・ランベール書店のイヴォンと彼のオフィスで昼食をとったときのことです。山と積み重なった本、丘陵のような紙の束、いくつかの不思議なオブジェたち。質素で完璧な食事と、アートやその他についての会話……。

別れ際に、イヴォンが「この、Masanao Hirayama(平山昌尚」)のデッサンを見て!」と。平山昌尚というアーティストから受け取ったばかりだというドローイング集を私に手渡しました。無数のデッサンが描かれたページをめくっていくと、13ページ目に、『アンリ・マティス・ニース1932 (Henri Matisse Nice 1932)』と記されています。ページを繰りながら感じてはいたものの、私はこの本の主題が、マティスの油彩作品『ラ・ダンス(La Danse)』を、平山昌尚がデッサンしたものなのだと確信しました。一瞬で記憶から蘇るような、一目でわかる明確なメモのように、あるいは、本の要約を一言で言い表すように、特徴線がギュッとつまった『ラ・ダンス(La Danse)』がそこにありました。

翌日、イヴォンから、平山のデッサンを取り纏めた本を出版するにあたって、私に寄稿をしてもらえないかと電話がありました。なるべく早く執筆してほしい――と。

話を『アンリ・マティス・ニース1932』に戻します。マティスが創作活動に勤しんだ、ニースのデジレ＝ニール通りのアトリエは随分前に無くなっており、『ラ・ダンス』は現在、シミエの美術館に収蔵されています。秩序なく絡み合う身体が、様々なフォルムを生み出す小さな横長の３枚の習作[1]は、３つの床の間にかけられています。この『ラ・ダンス』の平山によるドローイングが、本書に掲載されているのです。

平山はマティスのドローイング制作を模索しながら続けていたときのことを次のように語っています。
「ヴィラ・ル・レーヴ、ヴァンス。私は、マティスのロザリオ礼拝堂についての本を持っていました。いつか訪れたいと思っていたのですが、冬季休暇で閉まっていました。だから、私は周辺の山道を散策しました。」[2]

アンリ・マティス大通り466番地、ヴァンス。小さな階段を降り、右手のドアを抜けるとロザリオ礼拝堂があります。左側の壁にはステンドグラス、奥には半透明の『生命の樹(l'Arbre de vie)』があります。晴れた日のある一定の時間帯には色彩が床一面に広がります。運がよければ立ち会うことができるこの眩い雰囲気を除けば、礼拝堂を訪れても特に圧倒されるようなことはありません。建物は控えめな大きさで、その間取りも非常に簡素な設計です。(冬季休暇中には閉鎖するような)古いヴィラのように劣化や未完成の痕跡が見て取れ、全てが中断されているように思えます。右側には飾り気はないが壮麗な大ぶりのタイルに『聖母子(La vierge à l'enfant)』像が『天使祝詞(AVE)』という祈りの言葉と共に描かれています。
さらに進むと厳かな『聖ドミニコ(Saint Dominique)』像が眼前に立ち現れます。
振り返ると背後の壁には『十字架の道行(Le chemin de croix)』という、荒々しく苦し気な黒い線と各人物像に割り振られた14までの数字が私を見下ろしています。本のページを繰ることなく全体像を眺めることが出来る見開きにされた本のように、複雑な構造の中に収められた身体と簡素化された混乱が壁一面に広がっています。

壁面を覆うタイルに立ち現れる束の間の華麗なる終焉。
私は想像します。ロザリオ礼拝堂のマティスの絵を主題にした平山のデッサンも、次の画集として見てみたい――と。

ジャン＝シャルル・ブレ
2024年6月1日、ヴァンス

1 『灰色のダンス(Harmonie grise)』,『オークル色のダンス(Harmonie ocre)』,『青色のダンス(Harmonie bleue)』, 1930-1931年, 油絵, 40.3 x 95.5 x 5.5 cm, ニース市マティス美術館
2 Masanao Hirayama, [@MasanaoHirayama] (2024, 24 mai). *Villa le Rêve, Vence : Ayant en ma possession le livre de Matisse sur la chapelle du Rosaire, je voulais visiter celle-ci...* X. https://x.com/MasanaoHirayama/status/1794682392546062467

"Sketches from my stay in Paris in May, 2024"

Matisse
Masanao Hirayama

Texte par Jean-Charles Blais
Traduit en japonais par Kaori Fujimoto

Achevé d'imprimer en août 2024
Yvon Lambert libraire éditeur
ISBN 978-2-913893-86-3